AF416853

Cómo estudiar

La Bisagra | Buenos Aires | 2011

Fau, Mauricio Enrique
    Cómo estudiar. - 1a ed. - Buenos Aires : La Bisagra Editorial, 2011.
    64 p. ; 17x11 cm. - (Técnicas de Estudio / Mauricio Enrique Fau; 2)

    ISBN 978-987-1719-21-1

    1. Técnicas de Estudio. I. Título
    CDD 371.302 81

Colección Técnicas de Estudio
Director de la colección › Lic. Mauricio E. Fau

Mauricio Fau se graduó en la Licenciatura en Ciencia Política en la Universidad de Buenos Aires, UBA. Cursó también estudios de grado en la Carrera de Derecho de la UBA y en la Carrera de Periodismo de la Universidad de Morón.

Asimismo realizó materias de posgrado de la Maestría en Ciencias Sociales con especialización en Ciencia Política de la Facultad Latinoamericana de Ciencias Sociales, FLACSO.

Asistió a diversos talleres y seminarios en instituciones educativas, entre ellas el Instituto Argentino de Desarrollo Económico, IADE.

Representando a FLACSO participó con una ponencia en las Jornadas Nacionales Nietzsche 1994 y su exposición forma parte del libro alusivo, editado por la Editorial Universitaria de Buenos Aires, EUDEBA. Ha colaborado también con publicaciones vinculadas a las Ciencias Sociales y co-dirigió programas radiales de temática histórico-política.

Profesionalmente, se desempeñó como docente de la Carrera de Ciencia Política de la UBA y actualmente es Director Académico de La Bisagra Editorial y autor de numerosos libros de temática universitaria.

Derechos exclusivos © 2011, La Bisagra Editorial.
Tonelero 5971, CP 1408, CABA, 4642-3802.
Impreso en Arieimpresores, Mariano Acha 2415 (1430), C.A.B.A., en el mes de marzo de 2011.

Hecho el depósito que prevé la ley 11.723
Impreso en Argentina

Diseño de tapa e interior: María Eugenia Vigna

Índice

Introducción

PARA COMENZAR: UNA IDEA BÁSICA
Y ESENCIAL

Hay muchos errores que un estudiante puede cometer. Pero ninguno es tan importante, por lo estratégico, como el siguiente: **ESTUDIAR PARA APROBAR.**

Sí, exactamente: <u>**NO HAY QUE ESTUDIAR PARA APROBAR. EL OBJETIVO DEL ESTUDIO NO DEBE SER LA PRUEBA NI LA NOTA**</u>. Hay que cambiar totalmente el enfoque.

¿Entonces? **HAY QUE ESTUDIAR PARA APRENDER.** Para que el estudio sea un hábito, una costumbre. Hagan de cuenta que cada concepto nuevo aprendido es un escalón, una base, que nos va a servir para subir al siguiente nivel. Lo que importa de aprobar Matemática I o Historia Argentina del siglo XIX es tener la base para Matemática II o Historia Argentina del siglo XX. De lo contrario, no sirve.

Para seguir: hay que tener un método

Como todo en la vida, lo mejor es organizarse, es decir, tener un método. La improvisación es fantástica, pero así como para improvisar un punteo en la guitarra hay que haber estudiado previamente las escalas *(que indican qué notas tocar y cuáles no)*, para estudiar hay que tener "teoría y solfeo" antes de aportar creatividad.

DÓNDE ESTUDIAR

Tenemos que elegir un ambiente tranquilo, con poco ruido, donde no entre y salga gente todo el tiempo. Un lugar ventilado y con temperatura agradable. Y obviamente, sin TV ni radio *(hay quienes estudian con música de fondo, lo cual es viable siempre que no sea una excusa para no estudiar)*.

CUÁNDO ESTUDIAR:
ARMAR UN PLAN DE TRABAJO

¿Qué sería un plan de trabajo?: un **CRONOGRAMA** o agenda de la semana, donde anotar fechas de exámenes y establecer *(según esas fechas)* días y horarios en los que se va a estudiar. La cantidad de horas dependerá del volumen de lo que se tenga que estudiar. Lógicamente, hay que DIVIDIR LOS TEMAS de estudio entre los días de la semana. Lo más práctico sería armar una **TABLA HORARIA SEMANAL,** porque además eso sirve para que quede por escrito un compromiso personal.

Es aconsejable ponerse días y horarios fijos para que esto se convierta en un hábito. También hay que clasificar el tiempo: algunos días para leer, otros para resumir, otros para hacer ejercicios o contestar guías de preguntas y otros para repasar.

Los **INTERVALOS** o descansos son fundamentales: cada una hora, diez minutos para ir al baño, estirar las piernas, mirar por la ventana, comer algo, llamar por teléfono o lo que fuera. ¡Pero retomar el estudio a los diez minutos!

También hay que ver **CUÁNDO NO ESTUDIAR.** No hay que estudiar si estamos muy ansiosos. Un ejemplo: si somos hinchas de Boca o de River y esa tarde se va a jugar el superclásico, tal vez debamos postergar el estudio *(o mejor aún, lo mejor sería adelantar el estudio un día para estar "liberados").*

CON QUÉ ESTUDIAR:
TENER TODO LO NECESARIO A MANO

Hay que tener a mano todo lo que se va a usar: lapiceras, cuaderno, libros, apuntes, diccionarios, calculadora, regla, etc. Comparando el estudio con un viaje en auto, esto equivale *(por ejemplo)* a chequear si tenemos nafta, agua, aceite y las gomas infladas.

Para avanzar escalón por escalón

QUÉ TENER EN CUENTA ANTES DE LEER EL TEXTO

¿QUÉ LEER PRIMERO? BIENVENIDOS AL "PARATEXTO"

¿Empiezo a leer el texto de la página 1? ¡NO! Empezar leyendo la página 1 sería como salir con nuestro auto desde Buenos Aires hacia Mar del Plata sin averiguar cuál es la ruta, cómo está el camino, cuál es el clima, qué distancia habrá que recorrer y cuánto tardaremos.

Cuando un autor escribe un libro hay una gran cantidad de información por fuera del contenido del mismo, a la que se denomina **PARATEXTO**[1]. Aprovechar al máximo todos esos elementos nos hará mejorar muchísimo nuestra manera de estudiar.

---

[1] "Paratexto" proviene del latín *para* (*"al lado de "*), y de *textum* (*"texto"*), es decir, lo que está "al lado del texto", lo que no es el texto mismo pero lo acompaña y nos brinda importantes informaciones.

LO PRIMERO QUE HAY QUE MIRAR ES, en el siguiente orden: **TÍTULO DEL LIBRO, CONTRATAPA** *(en general hay allí una síntesis)* **E ÍNDICE.**

El índice es como el esqueleto del libro, la estructura. O como el mapa cuando viajamos. O como la imagen de la caja del rompecabezas que queremos armar *(¿se imaginan tratar de armarlo con las 500 piezas mezcladas y sin la imagen?)*.

Es importante que veamos al menos los **ELEMENTOS** más destacados **DEL PARATEXTO:** además de los índices *(de la organización y partes del libro, de los contenidos, de temas, de nombres)*, del título en la tapa y de la contratapa, tenemos que tener en cuenta las solapas, el prólogo, los epílogos, las ilustraciones, los glosarios, los subrayados, las advertencias, la bibliografía, los cuadros, los apéndices, entre otros.

Al leer el paratexto, podemos hacer suposiciones sobre el tema, obtener datos del autor, saber de qué tipo de libro se trata, relacionar lo que leemos con lo que ya conocemos, etc.

Después hay que leer la introducción *(que a veces aparece como prefacio o prólogo)* porque allí el autor nos va a decir cuál es el objetivo central de su libro y cuál es su punto de vista sobre el tema del cual escribe.

A QUÉ PRESTAR ATENCIÓN
(PARTES DEL PARATEXTO Y OTRAS REFERENCIAS)

a) Materia, programa, unidad temática y cátedra a la que pertenece el texto

Parece tonto pero no lo es: **LA TAREA DE LEER Y ESTUDIAR**, por ejemplo, el discurso del General Perón el 17 de octubre de 1945 **CAMBIARÁ TOTALMENTE DE ACUERDO CON LA MATERIA** que estemos cursando: **a)** si se trata de Sociedad y Estado, deberemos analizar los hechos ocurridos y por qué motivos o con qué objetivos Perón dijo lo que dijo, **b)** si estamos cursando Pensamiento Científico, el docente quizá quiera que detectemos en el discurso falacias argumentativas o diferenciemos elementos de lenguaje directivo y emotivo, **c)** si es Semiología, la tarea puede ser identificar enunciador y destinatario del discurso, o ver si es un discurso directo o indirecto, etc, **d)** si es Sociología, tal vez se analice el vínculo del líder carismático con la masa, **e)** si es Economía, tal vez debamos buscar en el discurso elementos para identificar la teoría económica a la que adhirió el peronismo, etc, etc.

El **PROGRAMA** es esencial. Allí tenemos una "resumen del resumen" con todo lo importante. La **UNIDAD TEMÁTICA** del programa es también muy importante para saber de qué hablará el texto o para qué lo utiliza la cátedra.

Con la **CÁTEDRA** tal vez la cuestión sea algo más sutil o difícil de determinar. Pero no es lo mismo leer a Freud en una cátedra de orientación psicoanalítica que en otra de tendencia cognitiva, conductista o gestáltica. Y no es igual leer a Marx en una cátedra marxista que en una liberal o socialdemócrata.

b) ¿Y éste de dónde salió?

Leer un texto sin saber nada de su autor es una práctica demasiado habitual pero muy perjudicial. **ES MUY IMPORTANTE TENER O ELABORAR UNA RESEÑA DEL AUTOR,** con datos como biografía, fecha de nacimiento y muerte, contexto histórico en el que escribió, escuela de pensamiento a la que pertenece, autores con los que coincidió y con los que confrontó, actuación pública *(política, científica, filosófica).* ¿Puede entenderse a Adam Smith sin la Revolución Industrial? ¿Puede entenderse a Ricardo sin Smith? Definitivamente no.

c) Una referencia fundamental: los títulos y subtítulos

"¿De qué habla Kuhn en La estructura de las revoluciones científicas?", le pregunta de repente el docente a un alumno desprevenido. Si el alumno dijera que Kuhn habla de la estructura de las revoluciones científicas, no estaría equivocado. Porque ese título ya nos está diciendo que existe algo que el autor llama "revoluciones científicas" y que éstas tienen una "estructura". Precisamente **ÉSE DEBE SER EL PUNTO DE PARTIDA.**

Claro que a veces los títulos no ayudan: *Leviatán*, de Thomas Hobbes, no nos dice mucho. En caso de que el **TÍTULO GENERAL** de la obra sea oscuro, los **TÍTULOS DE LOS CAPÍTULOS** serán esenciales para saber de qué va a hablarnos el autor. Y los **SUBTÍTULOS** nos dirán de qué va a hablar en ese párrafo.

d) Hacer una ficha general del texto que vamos a leer

Aunque sea aburrido, al leer un texto deberemos hacer una ficha colocando las referencias ya vistas: materia, unidad temática, cátedra, autor, título del libro, número y título del capítulo, datos editoriales, cantidad de páginas del original. Podría ser algo así:

> **MATERIA:** HISTORIA ARGENTINA
> **UNIDAD TEMÁTICA:** 5, La dictadura militar 1976-1983
> **CÁTEDRA:** Rapoport
> **AUTOR:** Cardoso, Oscar y otros
> **LIBRO:** Malvinas, la trama secreta
> **CAPÍTULO:** 1, El pacto siniestro
> **EDICIÓN:** Planeta, Buenos Aires, 1992
> **PÁGINAS DEL ORIGINAL:** 526

LO QUE NO ES TEXTO ES... "COTEXTO"

El significado de los términos que aparecen en un texto sólo puede entenderse en el marco del **RESTO DEL TEXTO** o **CO-TEXTO** *("co" significa "unión o compañía")*.

Muchas veces las palabras sufren de **AMBIGÜEDAD** *(más de un significado posible)* y/o **VAGUEDAD** *(significado impreciso)*. El cotexto nos ayuda a solucionar ambos problemas. Por ejemplo, para el término "masa", encontramos expresiones como "Todos los átomos de un mismo elemento tienen la misma masa", "El líder carismático tiene un vínculo directo con la masa", "Esta banda es una masa", "Instrucciones para la preparación de la masa", etc. El término "átomo" nos permite entender que allí se está hablando de una masa química, mientras que el "líder carismático" nos indica que se trata de una masa de seguidores, la "banda" denota que se trata de un calificativo equivalente a "buenísima" y las instrucciones muestran que se trata de una receta de cocina.

Sin el cotexto, sería imposible distinguir cuál es el uso en cada caso.

EL CONTEXTO EN QUE LEEMOS EL TEXTO

Tener en cuenta el paratexto y el cotexto nos sirve para generalizar y utilizar un término más conocido por todos: el contexto. En definitiva, **ANTES DE LEER UN TEXTO HAY QUE TENER EN CUENTA EL CONTEXTO,** compuesto por el paratexto, el cotexto y algunos otros elementos.

> **Muy importante: si es una lectura para una clase**
> **¡LEER ANTES!**
>
> El 50 % del éxito en el estudio consiste en no ir atrás de lo que el profesor diga sino adelantarse. Hagan la prueba de ir a una clase leyendo de antemano lo que se va a tratar en ella. Notarán que la diferencia es enorme. Podrán aprovechar la clase, no para escribir pasivamente lo que el profesor diga o escriba, sino para plantear dudas de un escalón superior. No es lo mismo preguntar quién es Maquiavelo que preguntar si Maquiavelo reforzó a las monarquías de su época. La primera es una pregunta de alguien que no leyó antes de la clase y la segunda de alguien que sí lo hizo.

¡A LEER!

Luego de tener contextualizado el texto en cuestión, una opción es hacer una **LECTURA INICIAL, SIN MARCAR** nada. Este paso puede servir para familiarizarse con el contenido. La idea es almacenar datos y tratar de ir encontrando ideas principales, pero sin entrar aún en demasiados detalles.

¡A RESALTAR!

Por no tener en cuenta las referencias y el contexto, o por tener poca práctica, muchos alumnos que resaltan un texto parecen estar usando un rodillo en la pared de su habitación: "resaltan" tanto que es más lo coloreado que lo que queda en blanco. Pero si tenemos en cuenta materia, tema, títulos y demás, estaremos en condiciones de **RESALTAR SÓLO LO IMPORTANTE.**

¡A LEER SÓLO LO RESALTADO!
(BUSCANDO PALABRAS CLAVE)

Esta **LECTURA** la haremos **SOLAMENTE SOBRE LO RESALTADO,** con el objetivo de detectar los términos que hacen a la estructura central del texto y encerrarlos con un círculo en lápiz.

Esto se hará especialmente con las definiciones de conceptos. Por ejemplo, en un texto de Freud sobre el aparato psíquico, redondearemos las palabras "Yo", "Ello" y "Súper-yo".

Es importante comprender que **NO HAY QUE MARCAR FRASES ENTERAS SINO CONCEPTOS**.

De esta manera, hemos logrado distinguir en el texto tres niveles de importancia: **a)** los términos clave en lápiz, que serán la base del resumen, **b)** lo resaltado en color, que permitirá darle contenido al resumen y, **c)** lo no resaltado, que se descartará.

BUSCAR PALABRAS INDICADORAS CLAVE

Aquí se trata de detectar expresiones que en sí mismas resuman toda una parte anterior de un texto. Así, cuando luego de largos párrafos encontramos expresiones como "Todo lo anterior", "Esto", "Esta situación", "Lo antedicho", etc, tendremos un **INDICADOR QUE RESUME LA IDEA ANTERIOR** y la vincula con el texto que sigue. Podemos encerrar estos indicadores clave con un cuadro.

BUSCAR CONECTORES QUE INDICAN PUNTOS DE VISTA

Los textos de estudio pueden tener un único punto de vista o varios y el autor de un texto puede describir puntos de vista de otros y dar o no el propio. Veamos entonces tres de las situaciones más comunes: **a) SE PRESENTA EL TEXTO COMO INDISCUTIBLE** › se presenta un tema con aparente objetividad, sin cuestionar lo que se dice y sin que aparezca el punto de vista del autor. Este tipo de textos es más común de lo que uno puede creer en textos universitarios. Detrás de la supuesta objetividad se muestra determinada interpretación de la realidad como si fuera la única verdad posible, **b) SE PRESENTA EL TEXTO COMO DISCUTIBLE** › el autor expone distintos puntos de vista sobre un tema, mostrando teorías o autores con posiciones contrapuestas o, **c) EL AUTOR CUESTIONA UN CONOCIMIENTO ESTABLECIDO** › se considera insuficiente o insatisfactorio determinado conocimiento, planteando otro que se reclama superador.

Para detectar puntos de vista en un texto, son muy útiles los **CONECTORES**. Así, expresiones como "sin embargo", "no obstante", "pero", "por el contrario" nos indican que hay dos puntos de vista: uno antes del conector *(que se va a criticar a continuación)* y otro después *(que es el del autor)*. También puede ser que aparezcan conectores como "aunque", "a pesar de que", etc, que precede a un punto de vista que se menciona pero que el autor considera menos importante *(o menos correcto)* que otro que le sigue.

¡LLEVAR A LA CLASE UN RESUMEN ESCRITO POR USTEDES!

Haber leído, sacado lo principal y haberlo escrito en un resumen **ANTES** de la clase los pondrá en un lugar de invalorables ventajas.

Al escribir con sus propias palabras van a poder reprocesar o reformular la información. Resumir es reformular, decir lo mismo de otra manera. Los textos que leemos en general tienen reformulaciones, que pueden detectarse con palabras como "es decir...", "esto es...", "dicho de otro modo...", "en otras palabras...", "o sea...", etc *(es importante hallar las reformulaciones que hace el autor del texto que queremos resumir, ya que muchas veces esas mismas reformulaciones resumen algo dicho anteriormente)*[2].

Pero no sólo eso: estarán garantizando que lo memorizado *(para el corto plazo)* pase a formar parte de lo aprendido en forma permanente. En su cerebro se producirá la misma diferencia que se da en una PC entre los "archivos temporales" *(información que se borra al poco tiempo)* y los archivos definitivos. Háganlo y me cuentan.

---

[2] Para profundizar en la elaboración de resúmenes ver *"Cómo resumir"* en esta misma colección.

POR QUÉ NO HAY QUE ESTUDIAR
DE MEMORIA

La **MEMORIZACIÓN** es una técnica que consiste en repetir la información recibida.

El **PROBLEMA FUNDAMENTAL** de esta técnica es que se trata de una **TÉCNICA PASIVA**, donde el estudiante no interviene ni se cuestiona lo estudiado.

Diversos educadores, por ejemplo John Dewey, señalaron que **EL APRENDIZAJE SÓLIDO SE PRODUCE CUANDO OPERA EL PENSAMIENTO CRÍTICO.**

El estudiante aplica el pensamiento crítico cuando pone en cuestión lo que lee a medida que lo lee.

Uno de los tantos métodos basados en esta idea es el método **PQRST.**

El método PQRST

Este método se basa en cinco pasos del estudio, cada uno identificado con una letra en inglés:

1. P *(preview)* › vista general o previsualización

2. Q *(question)* › preguntas

3. R *(read)* › lectura activa

4. S *(summary)* › resumen

5. T *(test)* › autoevaluación[3]

---

[3] Para mantener esta regla mnemotécnica, se propuso utilizar una fórmula equivalente en español: EFGHI, donde P = Examen preliminar, Q = Formularse preguntas, R = Ganar información mediante la lectura, S = Hablar para describir o exponer los temas leídos y T = Investigar los conocimientos que se han adquirido.

Veamos qué se hace en cada uno de estos pasos.

1. P *(PREVIEW)* > VISTA GENERAL, OJEADA, PREVISUALIZACIÓN O EXAMEN PRELIMINAR

La **PRIMERA ETAPA** es la de **BUSCAR LA INFORMACIÓN BÁSICA**.
PREVISUALIZAR ES DAR UN VISTAZO "a vuelo de pájaro" del texto a estudiar, revisando títulos principales, capítulos, introducción, índice, resumen de contratapa y demás elementos del paratexto *(ver más arriba)*. También incluye una leída rápida al contenido.

Si lo comparáramos con una película que quisiéramos alquilar en el video club, incluiría la ojeada general de la caja, con sus fotos, datos como director, actores, país, duración, sistema en que está grabada, comentarios de críticos, extras, etc. También será fundamental el resumen o *abstract* que figura generalmente en el reverso de la caja. Finalmente, ver el *trailer* de la película equivaldrá a una lectura rápida de un texto.

Cuando dudamos en alquilar una u otra película, lo que nos ayuda a decidirnos es conocer el plan e idea generales. Aunque no tengamos allí los detalles, esta previsualización despertará *(o no)* nuestro interés en ver más.

Lo mismo pasa con un libro.

Una cosa más: cuando no nos alcance con leer títulos, introducción, índice y demás, existe un recurso más: la **LECTURA RÁPIDA PERO "CON LUPA" DE UNA PÁGINA**. ¿Cómo se hace?: seleccionando algunos párrafos y salteando otros para detectar ideas, elementos, conceptos, etc. Volviendo al ejemplo de la película, sería como seleccionar una escena e ir salteando partes, observando y analizando.

Esta última técnica requiere práctica, pero una vez aceitada es de una enorme utilidad.

Al hacer todo lo anterior, tendremos una idea bastante avanzada de cómo el autor organizó la obra *(sea el libro o la película)*. Habremos logrado, entonces, tener la imagen del rompecabezas antes de unir las piezas.

2. Q *(QUESTION)* > HACERSE PREGUNTAS

La **SEGUNDA ETAPA** es la de **PREGUNTARNOS SOBRE LA INFORMACIÓN BÁSICA.**

PREGUNTAR ES PREGUNTARSE acerca del texto a estudiar. La primera pregunta es ¿qué relación tiene este nuevo tema con temas que haya estudiado antes? Esto nos servirá para familiarizarnos con algo que es desconocido.

Otras posibles preguntas: ¿sé algo sobre este tema?, ¿dónde lo aprendí?, ¿lo apliqué?, ¿sirve para aclarar algún punto de vista o para solucionar algún problema?, ¿conozco la ideología del autor?, ¿sirve este texto para otra materia?

❋ **Clave 1:** hay que **PENSAR EN LO QUE SE ESTÁ LEYENDO** *(lo contrario sería leer y nada más).*

❋ **Clave 2:** hay que apelar a la **CREATIVIDAD.**

✳ **Clave 3: USAR TODOS LOS INTERROGATIVOS** que conocemos, tales como ¿qué?, ¿quién?, ¿cuándo?, ¿dónde?, ¿por qué?, ¿para qué?, ¿cómo?, etc.

Vamos a un ejemplo: nos toca leer para Psicología un libro de Sigmund Freud, por ejemplo, *La interpretación de los sueños.*

La idea es pensar en el libro y crear preguntas usando los interrogativos: ¿qué sé de los sueños?, ¿cómo influyen los sueños en la conciencia?, ¿cuándo escribió Freud?, ¿quiénes fueron sus maestros?, ¿por qué Freud rompió con las ideas de su época?, ¿para qué se usa el psicoanálisis?, ¿cómo se interpreta un sueño?

¿Para qué sirve este ejercicio de preguntar antes de leer?: para favorecer la concentración y guiarnos en la primera lectura. Ya no leeré sobre un texto virgen sino que tendré preguntas para hacerle a ese texto.

Con la práctica, te encontrarás con una sorpresa: muchas preguntas de examen se parecerán a las que te hiciste.

3. R *(READ)* > LECTURA ACTIVA O AMPLIAR LA INFORMACIÓN POR MEDIO DE LA LECTURA

La **TERCERA ETAPA** es la de **AMPLIAR LA INFORMACIÓN.**
LEER ACTIVAMENTE ES BUSCAR ELEMENTOS PARA RESPONDER A LAS PREGUNTAS hechas en el paso anterior.
¿Qué significa leer activamente? Significa que NO LEO

PALABRAS *(lectura pasiva)* **SINO QUE BUSCO IDEAS** *(y busco porque antes me hice preguntas)*. Busco respuestas. Esto implica una **ACTITUD** de interés y dinamismo, un compromiso de pedirle a nuestro cerebro acción para **PENSAR EN LO QUE ESTOY LEYENDO.**

Esto incluye la lectura por párrafos y la anotación de comentarios *("relacionado con tal tema o autor", "muy importante", etc)* o símbolos *(¡!, ¿?, etc)* en los márgenes del texto[4].

4. S *(SUMMARY)* > RESUMEN

La **CUARTA ETAPA** es la de **SINTETIZAR LA INFORMACIÓN ESENCIAL.**

Habiendo conocido cómo el autor organizó su obra *(la totalidad)* y qué ideas desarrolló *(las partes esenciales de esa totalidad)*, llegó la hora de resumirlas.

¿Un loro resume? No, porque no piensa. No, porque no reformula. No, porque no lo expresa de otro modo. Sólo repite.

RESUMIR ES SINTETIZAR LO ESENCIAL CON NUESTRAS PROPIAS *(Y POCAS)* **PALABRAS (oralmente y por escrito).**

¿Para qué sirve resumir?: **PARA SABER CUÁNTO SÉ.** ¿Y si descubro que sólo sé la mitad de lo estudiado? Es fantástico, porque podré dejar de lado lo que ya comprendí para concentrarme en lo que aún no sé.

---

[4] También llamado "subrayado estructural".

5. T *(TEST)* > AUTOEVALUACIÓN, REPASO O INVESTIGACIÓN DE LOS CONOCIMIENTOS ADQUIRIDOS

La **QUINTA Y ÚLTIMA ETAPA** es la de **REPASAR.**

"Repasar" es una palabra que todos conocemos pero la mayoría aplica mal. Para que se entienda, les diré qué **NO** es repasar: repasar no es volver a leer todo de memoria.

REPASAR ES MEDITAR o investigar **SOBRE EL MATERIAL ES-TUDIADO.** Y qué mejor manera de meditar sobre el texto que respondiendo las preguntas: **AUTOEVALUARSE ES RESPONDER A LAS PREGUNTAS** creadas en el paso 2.

Es importante **SABER DE QUIÉN ESTÁ HABLANDO UN TEXTO**, es decir de qué **SUJETO** se trata. El sujeto puede ser una persona (*Juan, Yrigoyen*), una referencia a una persona (*el Presidente*), un grupo (*los amigos de Menem, los diputados de izquierda, la ganadería del Litoral, el capital extranjero*), un proceso, estado o situación (*la Crisis del 30, la situación social a fines de los ´90 en América Latina*) o entidades abstractas (*el origen del psicoanálisis, el carisma de Evita*).

También debemos tener en claro de qué momento temporal se está hablando. Para eso nos ayudarán expresiones que aparecen en los textos como "En esa época", "Al final de su mandato", "Años después", "En 1973", etc. A éstas se las denomina **REFERENCIAS TEMPORALES**. Habrá que estar atentos: si en un discurso un político en 1964 dice "Hace veinte años pasó tal cosa", se está refiriendo a 1944 y no a 1991 (*que es hace veinte años para nosotros, no para el discurso en cuestión*).

¿Y si no leí qué hago en la clase?

¡Calma! Todo tiene arreglo. Si llegamos a clase sin la menor idea, de todas formas podemos aún remontar la cuesta. Pensémoslo del siguiente modo: al revés que en el caso anterior, donde leíamos antes para comprender la clase, **TOMEMOS AHORA A LA CLASE COMO UNA INTRODUCCIÓN AL TEXTO QUE VAMOS A LEER DESPUÉS** de la clase.

¿Cómo? Bueno, las explicaciones del profesor en clase ya son, en sí misma, "resúmenes" del texto, ya que el profe nos va a dar los elementos más importantes, nos va a aclarar conceptos difíciles o nos va a ampliar el contenido del libro. Además, la clase tiene un plus que no tiene el libro: nos aclara qué cosas son relevantes para el profesor. Eso nos va a servir mucho cuando vayamos a leer ese texto porque ya vamos a ir con una guía.

De más está decir que no sólo es importante lo que el profesor diga oralmente, sino que hay que tomar nota de todo lo que ponga en el pizarrón: cuadros sinópticos, esquemas, diagramas, mapas conceptuales, significados de palabras, etc.

UN ESQUEMA GENERAL CON UN EJEMPLO

Vamos a suponer que nos toca un profesor de Historia que es "loco" por los temas bélicos. El tipo se "copa" con datos de aviones, modelos de tanques, uniformes de los soldados, etc. Supongamos que el tema de estudio es la Guerra de Malvinas, que en 1982 enfrentó a la Argentina con Inglaterra.
¿Cómo encaramos el estudio?

1- Lo mejor sería **ADELANTARSE A LA CLASE, LEYENDO EL TEXTO** y marcando ideas y datos centrales más dudas.

2- Luego, **TOMAREMOS LOS APUNTES DE CLASE**: lo que el profe diga, escriba, etc.

ERRORES HABITUALES CUANDO SE TOMAN APUNTES EN CLASE

✱ **TRATAR DE COPIAR TODO** lo que dice el profesor. El resultado es que perderemos el hilo conductor de la clase y tendremos notas incompletas y con una letra ilegible, además de pérdida del hilo conductor e ideas incompletas.

❋ **NO REPASAR ESOS APUNTES POCO DESPUÉS** de la clase para ver si se entienden y están completos. Resultado: cuando días después se vuelve sobre ellos no entendemos la letra, los conceptos no están claros, etc.

❋ Peor aún que tomar mal los apuntes es no tomarlos y **FOTOCOPIAR LOS DE UN COMPAÑERO,** con lo que corremos el riesgo de que no estén bien, de que estén incompletos, de no entender la letra, etc.

TRUCOS PARA TOMAR APUNTES EN CLASE

❋ **LOS MEJORES APUNTES SON LOS MÁS PERSONALES.** Para ello hay que usar palabras propias, comenzar cada tema en una hoja nueva, dejar márgenes a los costados para agregar datos, dudas y comentarios, usar flechas, señales, diagramas, etc.

❋ **USAR** trucos para ganar tiempo, como las **ABREVIATURAS.** Por ejemplo, en lugar de poner "por ejemplo", poner "xej"; en lugar de "trabajo" usar "w" (*de "work"*), "BA" en lugar de "Buenos Aires", "tb" en lugar de "también", "xq" en lugar de "porque", etc. Otro recurso son las abreviaturas de terminaciones: por ejemplo, podemos usar un signo "-" como sinónimo de "mente". De ese modo, podemos poner "supuesta-" en lugar de "supuestamente". Y usar **SÍMBOLOS:** "+" en lugar de "más" o "<" en lugar de "menor".

3- COMPARAR EN CASA EL LIBRO LEÍDO CON LOS APUNTES DE CLASE. Podremos descubrir ahí que mientras que en el texto se hace un análisis político de la guerra, el profesor –llevado por su pasión por los temas bélicos– poco dice de ello y se detiene en aspectos como cantidad de soldados, armas, bajas, etc. Tomar nota de esta diferencia.

4- Volver a la clase y hacerle notar esto al profesor al **PRE-GUNTAR LAS DUDAS.** Salvo que sea un necio *(no voy a negar que puede pasar)*, el profe también verá la diferencia. Nótese que si leímos el texto, tomamos notas en clase y lo volvimos a leer, ya no tendremos veinte dudas sino dos o tres, que probablemente sean las esenciales.

5- Volver a casa y **HACER UN RESUMEN** con lo más importante, con nuestras propias palabras.

6- SINTETIZAR EL RESUMEN EN UN CUADRO, esquema o mapa conceptual de una carilla o dos.

7- REPASAR.

EL ERROR DE ESTUDIAR PARA EL PROFESOR

Muchos ya habrán pensado: "si el profe quiere que le ponga cuántos aviones Exocet tenía Inglaterra y cuántos soldados murieron cuando los británicos hundieron el Crucero General Belgrano, yo estudio eso. ¿Para qué voy a estudiar qué intereses tenía la dictadura militar en esa guerra si eso no me lo va a preguntar?"

Lo peor de un razonamiento erróneo se produce cuando el razonamiento es cierto. ¿Acaso no aprobaría el alumno si hiciera eso?

Supongamos que en otro año volviera el tema Malvinas y que ahora ya no tuviéramos al profesor A, el "bélico", sino al profesor B, interesado en temas sociales y políticos. Resulta que este profesor nos dirá que dos días antes de la toma de las islas por los militares argentinos, se había producido una masiva manifestación obrera contra la dictadura, brutalmente reprimida, y que Malvinas era un último recurso de la dictadura para mantenerse en el poder, ya que a esa altura estaba tremendamente cuestionada por las violaciones a los derechos humanos, la deuda externa y la desocupación.

En ese caso, lo estudiado con el profe A no nos habrá servido para nada (*es más, ya ni nos acordaremos de la cantidad de armas ni de soldados muertos*). Tendremos que arrancar el estudio del tema desde cero, con lo cual –aún habiendo aprobado con el profe A– estaremos en la misma situación en la que estábamos antes de estudiar el tema Malvinas por primera vez: no sabremos prácticamente nada.

La lección de esto es: no hay que estudiar para el profesor, que es lo mismo que decir que no hay que estudiar para aprobar. Hay que estudiar para aprender, yendo incluso "en contra" del profesor si vemos que lo que nos dice es limitado, parcial o insuficiente. No endiosar al maestro es tan importante como respetarlo.

ESTUDIAR EN GRUPO, ¿SÍ O NO?

¿Conviene estudiar en grupo? Todo depende. ¿Cuándo?, ¿con quién?, ¿para qué?

No aconsejo juntarse a estudiar "de cero". El desconocimiento individual se sumará al grupal y generará un clima de confusión. Lo más probable es que terminen hablando de fútbol o jugando a la *"Play"*.

Estudiar en grupo sirve, a mi entender, cuando cada uno puede aportar al conjunto y el conjunto puede aportar a cada uno. Y eso pasa cuando cada uno por separado hizo lo suyo, no antes.

Si –como suele pasar en los grupos– algunos estudian más que otros, al estudioso lo que lo salva es haber estudiado antes. En ese caso, podrá considerar que explicarle al que no estudió le servirá a él como repaso, ya que el esfuerzo de explicarle a alguien que no sabe lleva al que explica a un nivel de entendimiento mayor. Así que en verdad, quien estudia antes y explica a otros está consolidando lo que sabe. ¿El que no estudió puede "zafar"? Sí, puede. Pero lo más probable es que se olvide de todo a la semana y cuando le tomen de vuelta tenga que estudiar desde el principio. Ahí veremos quién es más "vivo", si el que "se tira a chanta" o el que estudió.

Cómo estudiar > repaso general

✸ NO **ESTUDIAR** PARA APROBAR SINO **PARA APRENDER**.

✸ **DÓNDE** ESTUDIAR › ambiente tranquilo, silencioso, sin gente, ventilado y con temperatura agradable.

✸ **CUÁNDO** ESTUDIAR › PLAN DE TRABAJO O CRONOGRAMA SEMANAL. DIVIDIR LOS TEMAS Y LAS TAREAS *(leer, resumir, ejercitar, responder cuestionarios, repasar)*. Cada hora de estudio, diez minutos de descanso.

✸ **MATERIALES** DE ESTUDIO A MANO › lapiceras, cuaderno, libros, apuntes, diccionarios, calculadora, regla, etc.

✸ LO **PRIMERO** QUE HAY QUE MIRAR ES EL **PARATEXTO** › TÍTULO DEL LIBRO, CONTRATAPA, ÍNDICE y demás elementos *(materia, programa, tema, cátedra, biografía del autor, títulos de capítulos, subtítulos, etc. (Equivale al paso 1 del método PQRST)*.

❋ HACER UNA **FICHA** DEL TEXTO A LEER con los datos más importantes.

❋ USAR EL **COTEXTO** para comprender conceptos y términos.

❋ HACERSE **PREGUNTAS** USANDO LOS INTERROGATIVOS *(equivale al paso 2 del método PQRST).*

❋ LEER ANTES DE LA CLASE.

❋ HACER UNA **PRIMERA LECTURA** SIN MARCAR.

❋ **RESALTAR** LO IMPORTANTE DE ACUERDO CON PARATEXTO, COTEXTO, CONTEXTO Y PREGUNTAS *(equivale al paso 3 del método PQRST).*

❋ LEER SÓLO LO RESALTADO Y MARCAR **PALABRAS CLAVE.**

❋ MARCAR PALABRAS INDICADORAS CLAVE.

❋ MARCAR **CONECTORES** DE PUNTOS DE VISTA.

❋ LLEVAR A LA CLASE UN **RESUMEN** CON PROPIAS PALABRAS DEL TEXTO QUE SE VERÁ. Marcar ideas y datos centrales más dudas *(equivale al paso 4 del método PQRST).*

❋ **SI NO SE LEYÓ ANTES** DE CLASE, TOMAR A LA CLASE COMO

UNA INTRODUCCIÓN AL TEXTO QUE VAMOS A LEER DESPUÉS.

❋ **TOMAR APUNTES** EN CLASE DE LO QUE EL PROFE DIGA, ESCRIBA, ETC. Usar palabras propias, abreviaturas y símbolos.

❋ **COMPARAR** EN CASA EL LIBRO LEÍDO CON LOS APUNTES DE CLASE.

❋ VOLVER A LA CLASE Y HACERLE NOTAR ESTO AL PROFESOR AL PREGUNTAR LAS **DUDAS**.

❋ Si no lo hicimos antes, volver a casa y HACER UN RESUMEN con lo más importante, con nuestras propias palabras.

❋ SINTETIZAR EL RESUMEN EN UN **CUADRO**, esquema o mapa conceptual de una carilla o dos.

❋ **REPASAR** *(equivale al paso 5 del método PQRST)*.

❋ NO ESTUDIAR PARA EL PROFESOR.

❋ ESTUDIAR SOLO Y REPASAR EN GRUPO.

PARA TERMINAR COMO EMPEZAMOS, UNA IDEA BÁSICA Y ESENCIAL

El estudioso defiende el "tiki-tiki", el vago es resultadista

Desde que Carlos Salvador Bilardo dijo que "lo único que sirve es salir primero", en el fútbol se produjo una división entre los "resultadistas" y aquellos que defienden ganar, no como sea, sino jugando bien. Ángel Cappa se hizo muy conocido por defender esta idea, que se popularizó como el "tiki-tiki".

En el Torneo Clausura de 2009, Huracán, dirigido por Cappa, era el equipo sensación. Un fútbol vistoso y bello, que se imponía finalmente en los resultados por decantación. Cappa decía y dice que jugando bien siempre hay más probabilidades de ganar.

Pero llegó la última fecha. Y Huracán perdió con Vélez con una jugada escandalosa, donde un delantero de Vélez le metió una "plancha" al arquero del "Globo", e hizo el gol. Vélez ganó el partido y se consagró campeón.

Los bilardistas salieron "con los tapones de punta" contra Cappa: "fracasado" y "amargo" fue lo más suave que le dijeron.

Sin embargo, ¿Alguien se acordará dentro de diez años de ese Vélez campeón? No parece. Pero sí quedará en la historia ese Huracán subcampeón.

Supongamos que a dos alumnos les damos un largo y complejo ejercicio de Matemática. Supongamos que el alumno A estudió e hizo el 95 % del desarrollo del ejercicio bien, pero se equivocó en el último paso *(por ejemplo, una regla de tres simple para "despejar X")*. El resultado de su ejercicio no será correcto, pues no coincidirá con el resultado esperado.

Supongamos que –a la inversa– el alumno B no estudió o estudió poco y mal, por lo que el desarrollo de su ejercicio fue incorrecto en gran medida. Sin embargo, por esas cuestiones de suerte, acertó con el resultado.

Supongamos que el docente no tiene tiempo de corregir y decide ver sólo el resultado. En ese caso, aprobará al alumno B y desaprobará al alumno A. Bilardo estará feliz y los resultadistas se burlarán del estudioso, al que le dirán *"traga"* o *"nerd"*.

Pasado el examen, resulta claro que el alumno A estará en condiciones mucho mejores que el alumno B para proseguir con el estudio de la materia.

B *aprobó*, A *aprendió*.

A, como el Huracán de Cappa, es el que habrá realmente ganado.

Bibliografía

Alvarado, Maite, *Paratexto*, EUDEBA, Buenos Aires, 2006.

Arnoux, Elvira N. de et al, *La lectura y la escritura en la universidad*, EUDEBA, Buenos Aires, 2002.

Bas, Alcira et al, *Escribir: apuntes sobre una práctica*, EUDEBA, Buenos Aires, 2000.

Carlino, Paula, *Escribir, leer y aprender en la universidad*, FCE, Buenos Aires, 2005.

Clarín, *Colección libros de orientación vocacional*, "Q´estudio", Nͨ 6, Buenos Aires, 2010.

Fau, Mauricio, *Cómo resumir*, La Bisagra Editorial, Buenos Aires, 2008.

Marín, Marta y Hall, Beatriz, *Prácticas de lectura con textos de estudio*, EUDEBA, Buenos Aires, 2005.

Nogueira, Sylvia (coordinadora), *La lectura y la escritura en el inicio de los estudios superiores*, Prácticas de taller sobre discursos académico, político y parlamentario, Editorial Biblos, Buenos Aires, 2006.

-, *Manual de lectura y escritura universitarias*, Editorial Biblos, segunda edición corregida, Buenos Aires, 2004.

Parodi Sweis, Giovanni, *Comprensión de textos escritos*, EUDEBA, Buenos Aires, 2005.

Ramírez, Gastón (director), *Guía para aprender a estudiar*, Plaza Dorrego Editores, Buenos Aires, 2004.

Scardaccione, Claudio, *Técnicas para resumir textos, Imaginador*, Buenos Aires, 2007.

Staton, Thomas F. *Cómo estudiar*. Editorial Trillas, México 1988.

NOTAS